無駄に生きるな熱く死ね

無駄に生きるな熱く死ね

直江文忠

サンクチュアリ出版

i n d e x

無駄に生きるな熱く死ね

CHAPTER 1
LIFE

私は台湾の“ゼロ番地”という地区で生まれ、バラック小屋で育った。
まるで洞窟みたいなところだった。後で知ったことだが、そこは旧日本軍が残していった防空壕の中だったらしい。

生まれたときから父親はおらず、生活はまさにどん底の状態だった。拾ったゴミを売って生計を立てる人たちが多いこの地区で、裸で水浴びし、近所をうろつく野犬と遊び、水や電気を盗む毎日を過ごしていた。いつも腹が減っていて、ときどき目の前を走るネズミを捕って食べようと思ったこともある。
戦時中ならともかく、これが日本経済が急成長をとげていた1980年代のことだから、意外に思う人も多いかもしれない。

その頃の思い出はほとんど残っていない。

いまだに覚えているのは、母親が「お金持ちも貧乏人も、みんな、同じご飯粒を食べている。与えられた時間もまったく同じ。おまえには膨大な時間が残されている。だから、できない理由を探す方が難しい」とよく言っていたことだけだ。

日本にきたのは６歳のとき、母親が日本人と再婚したのがきっかけだ。貧しい生活から脱した私は、豊かな日本での生活に胸を躍らせた。
しかし待ち受けていたのはひどい差別だった。言葉づかいがおかしいといっては同級生に笑われ、台湾人だというだけでいきなり殴られる。そんなことが何年にも渡って繰り返された。とにかく面倒だった。ときには腕力でやり返すこともあったが、かえって差別を増長させるだけだった。
そのうち私は気がついた。
この国で私はマイノリティで、その事実は死ぬまで変わらない。そして将来、みんなと同じように大人になっても自分の過去が障害になるだろう。
かといって周囲を変えようと争っても空しい。いっそ自分自身が変わってしまった方がよっぽど楽だ。それもハンパな変わり方じゃない。誰からも意見されないような、圧倒的なチカラを手に入れたい。

自分がもっと強くなれば、きっと自由になれる。純粋にやりたいことを極められる。
だからなんでもいいからとにかく世界一になってやる。10代の私は貧困と差別という特殊な環境の中でそう決意した。
でも、一体なんの世界一になるべきだろう？
なんのために生きるべきだろう？
そんなふうに答えのない答えを探した時期もあったが、結論としてはなんでもよかった。私はとにかく血湧き肉躍るような世界に飛び込みたかった。

01

無駄に生きるな。熱く死ね。

答えが見つからないとき、いつも誰かがかわりに答えてくれるだろうと思っている。自分の人生を、自分で切りひらこうとしていない。自分の意志で動いていない。そんな毎日が続いている。

このまま他人まかせの人生を生きるか。
それともいまから自分の人生を生きるか。

たえず正体不明の何者かにビクつき、視点の定まらないような人生なんて無意味だ。一刻も早くこの生温い日常から脱し、自分の頭で「なぜ生きているんだろう？」と考えたい。みんな、死ぬ。生きているということは、確実に死に向かっている。もしかしたら明日、死ぬかもしれない。しかし、そうやって死を受け入れることで、もっと強くなろう、いまを大事にしようという生命力があふれてこないか？

無駄に生きるな。熱く死ね。

誰かによって作られた目標に翻弄されることなく、自分の本心から生まれた目標を大切に。

そしてやると決めたからには、腹をくくる。すべて自分のせいだ。

パートナーが悪かった。時間が足りない。もっとお金さえあれば。いいアイデアが浮かばない。意見を聞き入れてくれない。後でそういう言い訳をしないように、決断するときは「もしも途中でやめたら自分の片腕を差し出す」くらいの覚悟があるかどうかを確かめる。腕を切られれば痛い。それでも本当にやり通せるかどうか、自分の心とゆっくり向き合いたい。

自 分 の こ と は 、 自 分 で 決 め る 。
自 分 と の 約 束 を 、 自 分 か ら 裏 切 ら な い 。

これが自分の人生を楽しみ尽くすための最善の方法だ。

02

終わりを意識しろ。

金持ちも貧乏人も、老いも若きもみんな同じように
メシを食って生きている。時間も１日24時間、平
等に与えられている。だから何かが「できない」理
由を探す方が難しい。

それでも人がよく失敗するのは、エネルギーを明確
な目的のために使わないからかもしれない。航海と
同じで、目的地を決めずに海を渡っても、いつか燃
料が切れて座礁してしまう。

エネルギーがたくさん残っているうちに、
目的地を決めてまっすぐ突き進もう。

やることを「足し算」していくと、つい惰性的になってしまい、夢の実現はおぼつかない。始めから人生の残り時間を「割り算」し、そのときまでにやるべき課題を細かく設定する。それをひとつひとつクリアしていくことで、未来を自分の手で作っているという熱い実感が湧いてくるだろう。

終わりを意識できるからこそ、
いまを濃く生きることができる。

03

悩む頭なんてない。何も恐れるな。

その仕事に就いたら後悔するんじゃないか。いまのままで本当にいいんだろうか。もっと他にいい人生があるんじゃないかと悩んでいる。後悔することを常に恐れ、気持ちにブレーキをかけている。
しかし何も恐れることはない。世の中の悩みなんて、たったふたつしかないからだ。

ひ と つ は 消 極 的 思 考 。
も う ひ と つ は 取 り 越 し 苦 労 。

このどちらかだ。
悩むアタマなんてそもそもない。未来に対する恐怖を経験や知恵でカバーできるのは、50代、60代になってからのことだろう。

若さの特権は「無限の可能性」ではなく、恐れない心と、突き進む力を持っていることである。人生経験を積めば積むほど、逆にいろんな恐怖を知るだろう。悩んでいる時間なんてあったら、いますぐ自分から動いた方がいい。

あなたが立ち向かうべき最強の敵は、
あなた自身が作り出した恐怖だ。

明日、太陽が落ちてくるんじゃないかといくら心配していても仕方ない。悩んでも仕方ないことは決して悩まないことだ。

Crate&Barrel

04

依存するな。１匹のライオンになれ。

組織が大きくなるほど能力が低く、いやいや働く人間が増えてくる。自分の力で食べていくという意識が薄れるからだ。彼らは自分の両手両足を駆使して、獲物を捕らえる喜びを知らない。
かたやどこかの国では、自由を勝ち取るために命をかけて戦っている人たちがいる。彼らは一人ひとりが自分の頭で考え、自分の足で行動するライオンの集団だ。
ライオンはウサギを追うときにも全力を注ぐ。手抜きをしない。

私たちもそういうハングリーさを持つことで、
人としてのプライドを取り戻すことができる。

欲しい仕事があれば、自分から率先して獲得しにいく。やりたいことをアピールする。やりたい仕事をまかせてもらうよう、普段から誰よりも多くの目標を超えて仲間の支持や評価を得る。

しぶとさや、しつこさこそ才能だ。
知識や技術はあとからついてくる。

絶対にひとりでやる、できると思い込む勇気を持つ。人は支え合って生きているというのは美談だ。でもそれは、誰かに依存することではない。

05

出るクイになれ。

いますでにおこなわれていることで、あなたは本当に満足できているだろうか。毎日、毎日同じことを繰り返しながら、「まだ自分ならば工夫する余地がある」という事実から目をそらしていないだろうか。人のやらないことをやってみる。あえて出るクイになる。そこからいままで体験したことのない1日が始まる。「こうするべきだ」「こうしなければならない」という他人が作った常識を踏み台にして、

既存の余計なものをぶっ壊し、
新しいことに挑戦していこう。

人と違うことを恐れてはいけない。嫌われることも覚悟しなきゃいけない。
リスクはある。

でもあえてリスクをおかすことで、
自分の本当の力を知ることができる。

限界については考えず、とりあえず思ったとおりに動いてみる。現状を変えるのは困難だとわかったら、なおさら実行する価値がある。
自分の発想を、もっと自由に表現しよう。

06

直感を信じろ。

何をやるにしても情熱がなければ続かない。情熱は周囲の人間を勇気づけ、楽しませ、ときには心酔させ、ともに最終ゴールへと向かわせる促進力になる。
情熱なしには大きな成功は望めないだろう。
でも自分は一体何に対して、情熱を持てるのだろうか。

その答えは直感だけが知っている。

一生懸命考えたり、他人の基準に照らし合わせて見つけるものじゃない。

信じるべきは、自分のアンテナだけだ。

心が動くものには、片っぱしから手を出す。何も考えずに挑戦し、参加する。情熱を持てるかどうかは、とにかくやってみないことには絶対にわからない。いろいろ試してみれば、いつか偶然の出会いがある。偶然の確率を上げるには、数をこなすのが一番だ。直感を次々に試していくことで、自分の心に「どう動くのか？」「なぜ動くのか？」という問題意識が芽生えるようになる。同時に、直感の精度もどんどん上がっていくだろう。

07

ヒーローから学べ。

成功への近道がある。

単純に言ってしまえば「いま目の前にあることを一生懸命やりなさい」ということだ。でも当面のヴィジョンが見えていなければ意味がない。

そこで私は“ヒーロー道”をすすめる。

スポーツ界、ビジネス界、政界…どの分野にも「ヒーロー」が存在し、「ヒーローのヒーロー」も存在する。ヒーローは歴史の上で連鎖し続けているのだ。

あなたにも目指すべき人物がいるだろう。その人がやることに憧れ、マネしたいという気持ちは、自分を磨く大きな手助けとなる。ヒーローの生き方を貪欲に学んでほしい。どうすればいいかわからない人は、次のことをできる限り実践することをすすめる。ヒーローに（物理的に）近づく。ヒーローの伝記か自叙伝を読む。ヒーローが出ている新聞か雑誌のインタビュー記事を読む。ヒーローが出ているビデオを観る。ヒーローと一緒に撮った写真を部屋に飾る。ヒーローが関係している商品をすべて買う…など。

こうしてヒーローについて知れば知るほど、彼らの人生が挫折と挑戦の繰り返しであることに気づくはずだ。

自分の中のヒーローは、年齢によってステップアップしていくこともある。
私は昔、格闘家の師匠と呼んでいた人から強い影響を受けた。孔子の言葉にシビれたこともあるし、マンガ『キャプテン翼』の三杉君（いつも女の子に「大丈夫？」と心配されているような少年）に憧れたこともある。それから事あるごとに変わってきた。いまはアレキサンダー大王でほぼ固まっている。あの情報の少ない、ゆっくりとした時代の中で、数々の英断を下し続けたアレキサンダー。私はそのリーダー像に従って、生涯を送るヴィジョンを見ている。死ぬまでに追い越したい。だから私も世界に出ていかなければならない。

ヒーローに強く憧れる能力があれば、ヒーローを超える能力も備わっている。私はそう信じている。恥ずかしくはない。

私が将来何者になるかなんて、
まだ誰も知らないのだから。

CHAPTER 2
HEART

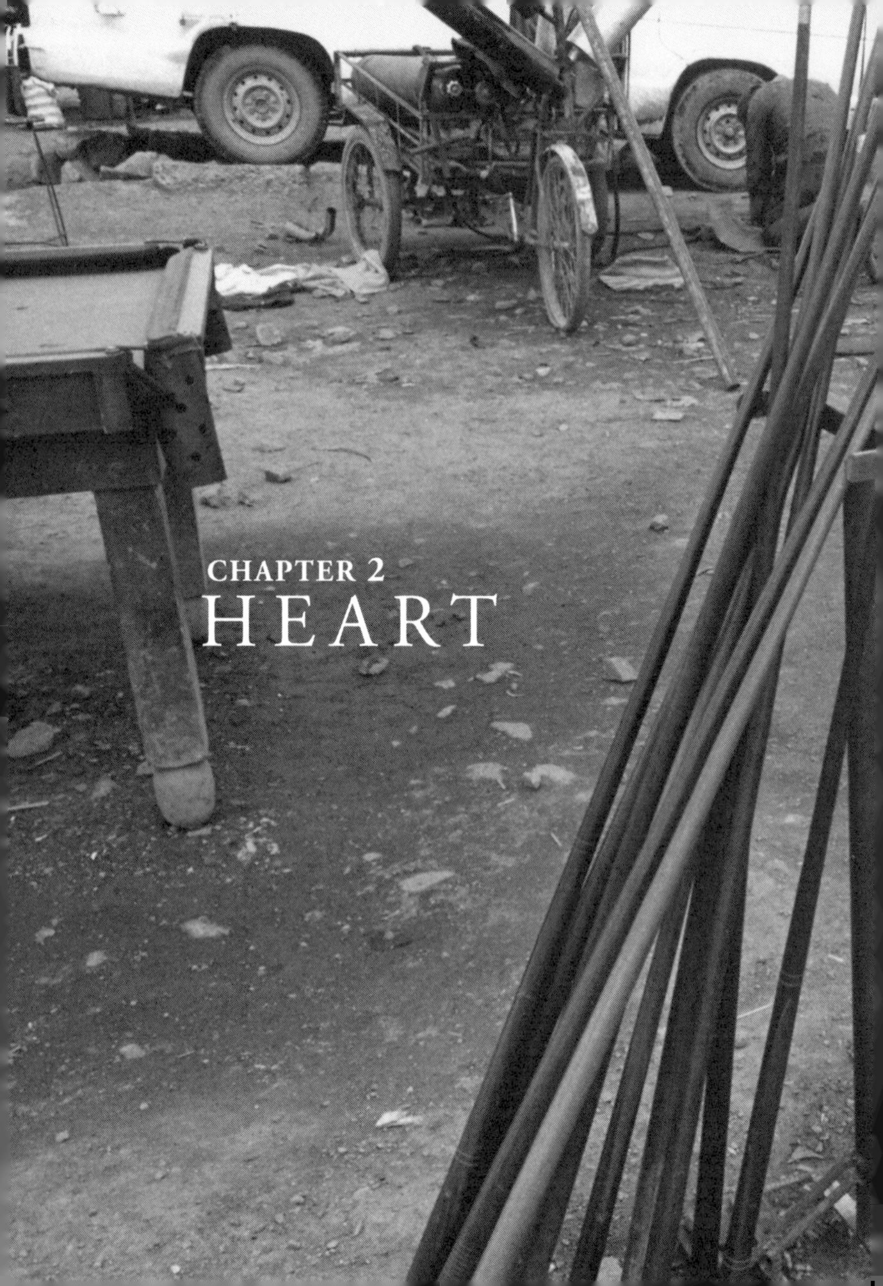

高校を卒業後、私は祖国の台湾に２年間留学し、そこでふたたび自分は華人であるということを強く意識した。中国人や台湾人は「自分の力でひと旗あげよう」という風潮が強い。私もそのとき「事業家になろう」ということを具体的に考え始めていた。
二十歳のときに帰国し「人生50カ年計画」という計画を立てた。

・まず20代で企業をおこす。
・30代でその業界の日本一になる。
・40代でその業界の世界一になる。
・50代でその事業を完成させる。
・60代でその事業を継承していく。
・70代で教育、慈善事業に残りの人生をかける。

それから３年間かけて、経営学書、ビジネス書、学術書など
5000冊あまりの本を読破し、独学でビジネスプランを練った。

そのとき特に心に響いた本は
『運命を拓く』中村天風
『孫正義　起業の若き獅子』大下英治
『若きサムライのために』三島由紀夫
『サンクチュアリ』史村翔（作）池上遼一（画）

本は自分にとって先生であり、人間としてどう生きるべきかを
考えさせてくれた。

やがてバイト先でＤＮＡを研究する東大の大学院生と出会い、バイオビジネスをおこす決意を固めた。現在、遺伝子の情報からその人の健康状態や将来かかりそうな病気を見分ける、という研究が進んでいる。その技術をビジネスに応用できそうだと考えたのだ。

そのビジネスプランを、大前研一氏が主催するコンテストに応募した。他にも同様のコンテストがいくつかあったが、審査員に尊敬する孫正義氏がいたのが決め手だ。彼に私の存在をアピールすることによって、成功にぐっと近づけるような気がした。

エントリーが500を超えるこの大きなコンテストの中で、私が提案したビジネスプランは幸運なことに２年連続セミファイナルに残ることができた。しかし残念ながら、資金援助を得られたのはグランプリをとった１チームだけだった。

自信はあった。あとは起業するだけの資金さえあればいい。あてもなく本屋に立ち寄ると、そこで偶然「日本の大富豪」という特集を組んだビジネス誌を見つけた。

大富豪たちのすべてを見通すような表情や、物事を変えてやろうという姿勢に私は興奮した。中でもパソナ社長の南部靖之氏は、言葉ではうまく言えないが、自分と同じようなオーラを持っているような気がした。この人にだったら私の気持ちが通じるだろうと確信した。

自分とはあまりにもかけ離れた立場にある人物だが、びびっても始まらない。まずは自分にできることからやればいい。

そこでとにかく会いにいこうと決めた。家の住所さえわかれば、いきなり乗り込んで自分の気持ちを伝える。逮捕されようが、脅されようが一歩も引かない。会えなかったら死ぬと、腹をくくった。

我ながらちょっとしたストーカーのようだ。どうにか南部社長の耳に触れようと、１日につき10回電話をかけた。電話を取り次いだ秘書の方も「お気持ちだけ伝えておきます」と言ってくれるが、私は「ぜひ会わせてください」としか言わない。すぐに電話を切られることもあるので、ときには裏声を使って別の人物を装った。

こんな押し問答がまる１週間続き、その執念が実ったのか、南部氏から「面白い、会ってやろう」という言葉を引き出すことに成功した。

南部氏に見てもらうつもりだったのは事業計画書と決意表明書である。
しかし何千億円もの仕事をしている人が、そんな程度のものでは心を動かさないだろう。私は自分のビジネスに命がけで、全力で、全身全霊をかけてやるという想いを伝えたかったが、そのためにはある種の“狂気の沙汰”のようなものが必要だと思った。そこで自分の指をナイフで切って血判を押し、いやがる仲間にも血判を押させた。相手と刺し違えるほどの覚悟だった。結果的に、南部社長は事業計画書ではなくその血判状だけを見て「応援してやる」と言ってくれた。
強力なサポーターを得ることに成功し、資金調達が可能になった。また自分のビジネスが絶対にいけるという確信もあった。
しかしそのとき同時に、私はバイオビジネスと時代とのギャップも感じ始めていた。まだ早い。技術的には実現可能でも、世間に認知されていないためサービスが追いつかないだろう。
それに学生気分の抜けない仲間たちの中途半端な姿勢がいやだった。ビジネスという世界には、毎日十何時間と働いている人たちが大勢いる。これじゃ気迫で負けている。学生気分で研究を続けるのか、仕事を取るのか。
彼らに答えを迫ると、残念ながら全員が「学生の延長」を選択した。

そんな矢先、知人の女性が亡くなった。私と同じ母子家庭の台湾人のハーフであり、初恋の女性だった。母親が憔悴しきっていたため、私がかわりにその葬式を手伝うことになった。

葬式でお経が読まれている最中、私はずっと遺影が傾いているのが気になっていた。気づかないはずはないが、見て見ぬふりをしているのか誰も直そうとしない。葬儀会社のスタッフに指摘したところ、「読経の邪魔になるから触らないで」とたしなめられた。そのとき、私は一体誰のための葬儀なのかと強烈な怒りを覚えた。

そしてその怒りが、結果的に葬儀業界を根底からひっくり返してやろうという熱意に変わった。

08

感情の揺れをバネにしろ。

私の初恋の女性を病気で亡くし、その葬儀がおこなわれていたときのことだ。読経中、彼女の遺影が傾いていたが、それを誰も直そうとしなかった。葬儀屋も「葬儀の邪魔になるから」とまったく取り合わない。そのとき私は一体誰のための葬儀かと強烈な怒りを覚えた。そしてその怒りが、いつしか「葬儀業界を根底からひっくり返してやろう」という熱意に変わった。

このように、感情の大きな揺れはときとして新しい行動を起こすための原動力になる。

やりたいことや目的が見つからない人は、自分の過去を振り返り、感情を大きく揺り動かした出来事や場面を思い起こしてみよう。私は誰のようになりたかったのか？　何をしているときに血が騒いだか？　私の強さはどこで発揮されたか？　何に没頭したか？　何を許せなかったか？　私は他人と何が違うのか？　なんでもない過去の出来事から、新しい目的が見えてくるかもしれない。

目的は作るものじゃない。
思い出すものだ。

あなたは、あることをやっているときにとても自分らしかった。そして幸せを感じていた。嬉しいことに、あなたの夢はそこから派生している。

09

あえて窮地に飛び込め。

失敗して初めてノウハウになる。何がダメなのか、
何をすると不具合が起きるのか、相手を不愉快にさせるのか、自分が直面しない限り、次回への工夫のしようがないからだ。

何 か に 挑 戦 す れ ば 、 逆 境 に 立 た さ れ る こ と も あ る 。
し か し 逆 境 は い つ ま で も 続 か な い 。

逆境から逃れようとすれば、かえってその逆境がつきまとうだろう。早いうちに克服すればかすり傷で済むことが、放っておくといつか致命傷になる。

自分の評価が下がることを恐れて、失敗をおかさない人は多い。でもそういう人は何も作り出すことができない。そのことを自覚しているからこそ、新しいことに意欲的な人に対して批判の目を向けてしまう。まさに悪循環そのものだ。

頭の固い人間にならないように、チャンスがあれば進んで窮地に飛び込んでみる。難しそうなプロジェクトや厳しそうな処理業務などがあればみずから買って出る。

失敗は多くのことを教えてくれる。失敗の延長線上に成功がある。

失敗を恐れて挑戦を避けることこそが、最大の失敗だ。

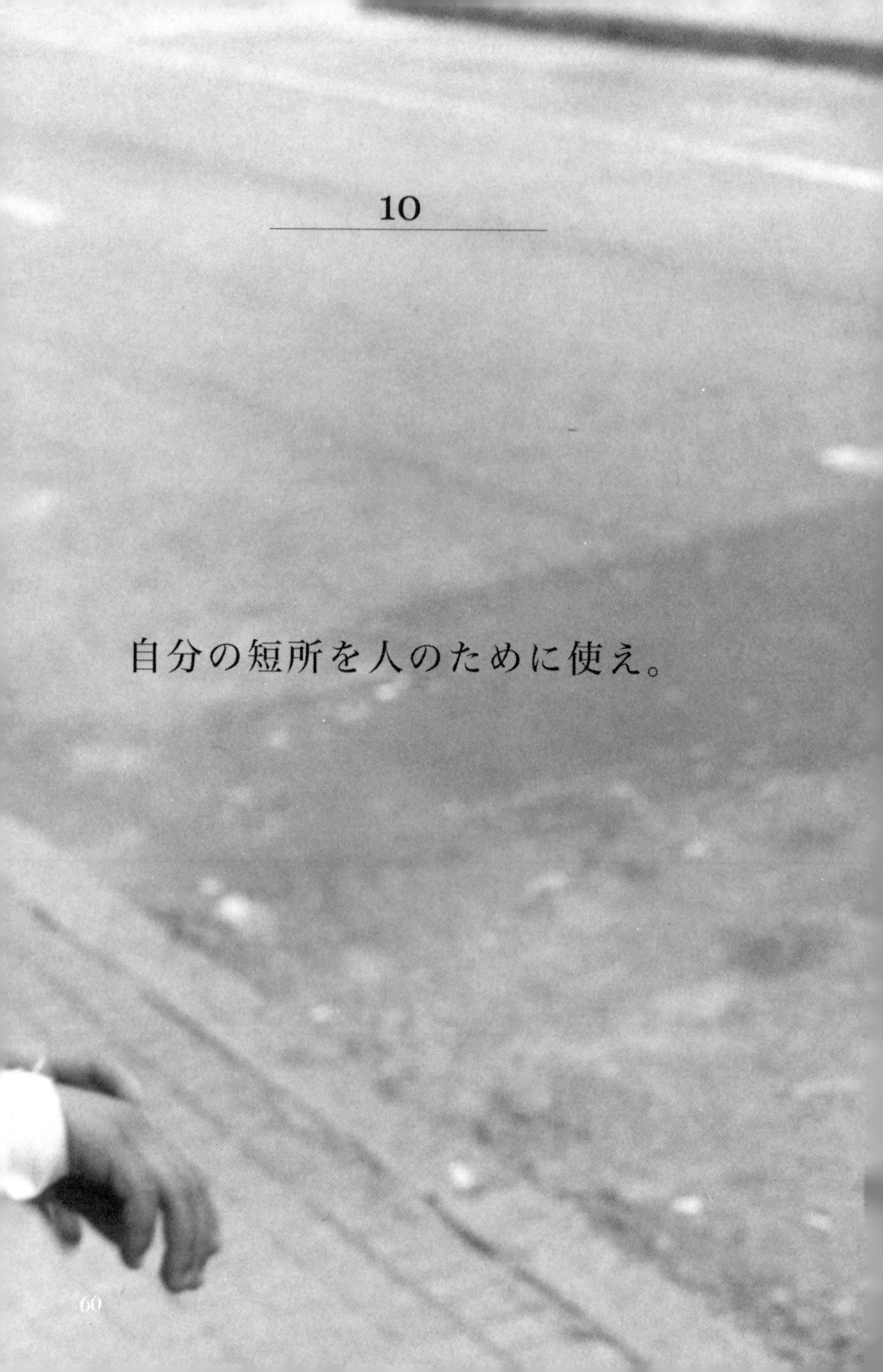

10

自分の短所を人のために使え。

長所と短所は表裏一体である。

「神経質で細かいことを気にする」のは、裏を返せば「仕事がきめ細やか」なのかもしれない。「執着心が強くて頑固」な性格の人は、よく言えば「ねばり強く意志が固い」性格である可能性を持っている。病気は体を不自由にし、気持ちをどこまでも歪ませる。できることなら予防したいし、排除もしたい。でも病気にかかることによって「生きるって素晴らしい」としみじみ感じられることもある。病気にも病気なりの長所があり、存在価値がある。

もしも自分の短所が気に入らないなら、それを直すことは簡単だ。その短所を世のため人のために、みんなが豊かな気持ちで過ごせるように活用すればいい。そうすればあなたの短所が、そのままあなたの長所だと認識されるようになるだろう。

本来は誰もが短所を長所に変える力を持っている。

だがそのことに気づいていない人があまりにも多い。

あなたのエネルギーは自分の短所を無理やり直すことではなく、その短所をよいと認めてくれる人のために使うべきものだ。

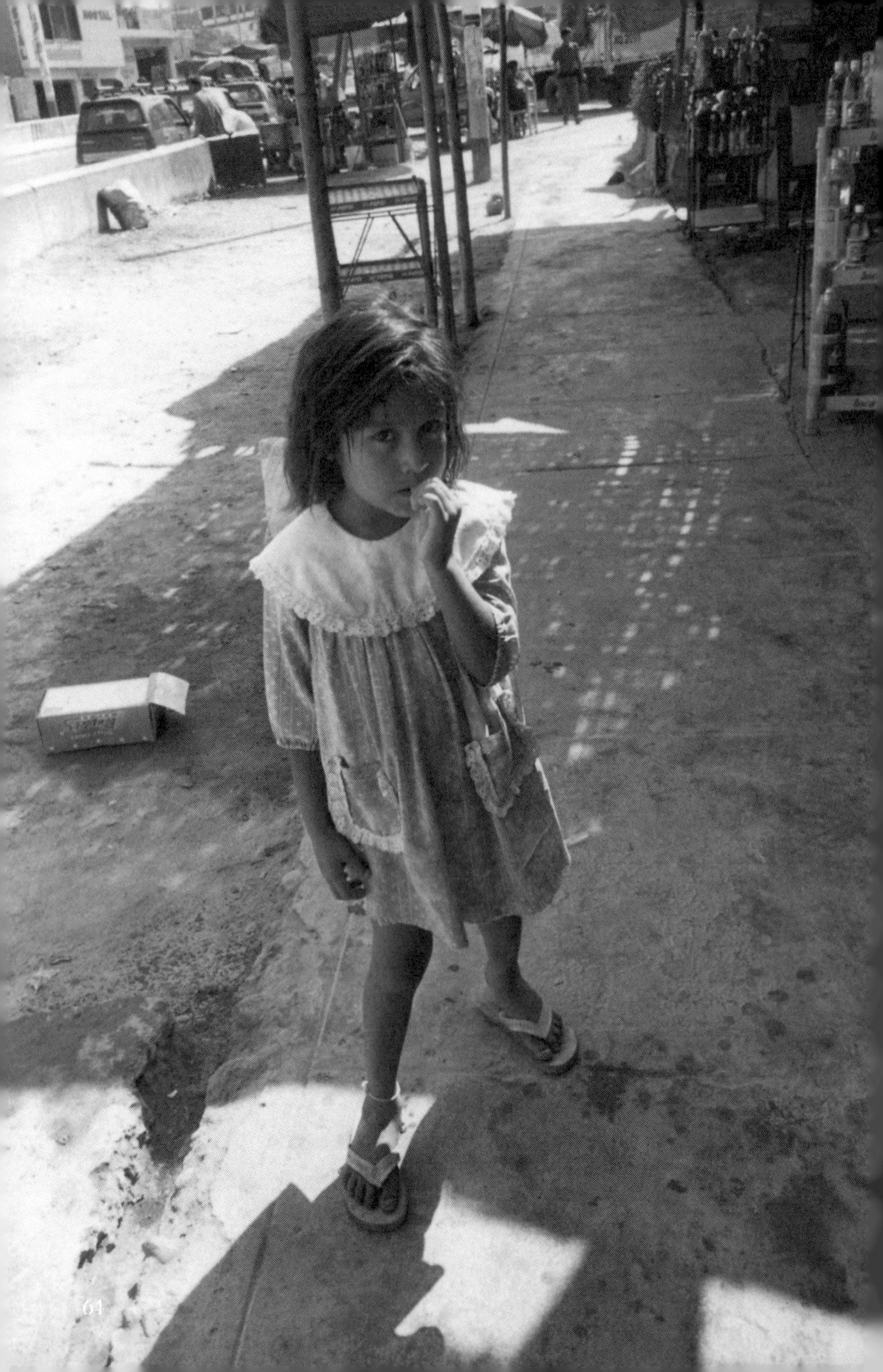

11

いま、目の前のことに全力を出せ。

やるか、やらないか。人生は二者択一だ。
選択はどっちでもいい。

選択した後どう動くかが、その選択の価値を決める。
とにかく選ぶ覚悟さえあればいい。Aを選んでもBを選んでも、結局うまくいくから。
運命というのは結果論だ。すでに起こったことを振り返ってみると、それが運命だったと思う。

それで本当によかったかどうかは、すべて自分の主観になる。どちらを選んでも、その気になれば全部正解だ。

先が見えないときは、とにかくいま自分が選んでいることを全力でやろう。

少しずつでもいいから、めげずにやり続ける。不安になるのは動かないからだ。動いていれば、いつか必ず目の前の景色がパッと明るくなるだろう。
後戻りすることを考えている場合ではない。

12

みずからリスクを負え。

初めから人を頼らない方がいい。できるところまでは、自分の力でやってみる。

自分がやりたがらないことを、
他人に押しつけたヤツは負けだ。

私は25歳で会社を立ち上げたとき、出資者をつのらずすべて自分で資金を集めた。消費者金融から700万円ほど借りた。それも多重債務者リストが他の店舗に出回らないように1日で何軒も回りきり、金利24%というリスクを負った。(実績も担保もなかったので、銀行や公庫で借りるという考えはなかった)

なぜなら、自分が代償を払う前に、他人に払わせたくなかったからだ。そんな自分は許せなかった。いきなり出資者やエンジェル（※）に期待するなんて、そんな生半可な気持ちでは続かないと思った。甘えが出るに違いない。人は簡単に手に入れたものほど、簡単に手放してしまうものだ。

借金をしたとき、私にはもう失うものが何もなかった。始めに腹をくくったことで、気持ちのいい緊張感が走った。その緊張感はやがて会社を年商30億円（2005年12月時点）に成長させる強い力になった。

成 功 の 王 道 は 、
誰 よ り も 喜 ん で リ ス ク を 負 う こ と で あ る 。

※エンジェル＝起業家に資金を提供する個人投資家。

13

消極的な感情をねじ伏せろ。

地図とコンパスがあれば、這ってでも宝島にたどり着くことができるだろう。
しかし優秀な人であるほど、あらかじめ軍資金や道具、スタッフなどを完璧に整えたがるものだ。そしてたびたび「準備が整わないから、やっぱり無理だ」という発想に行き着いてしまう。失敗する前から、失敗したときの言い訳を用意している。
そんなふうに自分でブレーキをかけるくらいならば、いっそ何もしない方がいい。

大切なのは、消極的な感情を自分の力でねじ伏せ、コントロールすることだ。

それができないと、これからの自分の行動をコントロールすることすらままならない。

夢を叶えるために必要な地図とは「計画書」や「スケジュール表」、コンパスとは「思想哲学」や「コンセプト」だ。それさえあれば十分で、

とりあえず一歩踏み出してしまえば、
他に必要なものは後から勝手についてくる。

私の場合、7割方いけると思った時点で行動に移すと決めている。それ以上待っていたら、必ずベストな時期を逃してしまうからだ。
自分から動くのは楽しい。動いている自分を実感できるのはもっと楽しい。

14

自分にとって気持ちのいい土地を選べ。

新しく何かを始めるときは、スタート地点を慎重に選びたい。

私にとっての場所選びの基準は、業績を上げるのに有利かどうかというよりも、自分にとって気持ちいいかどうかだ。

単純に好きな場所なら気分も盛り上がるし、余計なストレスを感じなくて済む。それだけインスピレーションも湧きやすい。
私は起業するにあたって、住所は「六本木」にしようと決めた。単純にカッコいいと思ったからだ。しかし私の予算で六本木を望むなら、家賃の安いマンションを選ぶしかない。それも決していい条件の部屋ではないだろうと人々に助言された。

その直後、公団に空き部屋が出た。立地も条件も最高だった。でもその部屋は西向きだったので断った。私はどうしても大好きな東京タワーが見える東向きがよかったのだ。すると翌日、今度は東向きの部屋に運よく空きが出るという連絡がきた。20階建ての16階だという。会社はそこで産声を上げた。

このエピソードに、何かおかしな点はあるだろうか？

15

実績を出してしまえ。面倒だから。

相手に有無を言わさないためにも、さっさと実績を出してしまった方がいい。説得材料をあれこれ考えるよりも、よっぽどシンプルで楽だから。
新しい提案は、たいてい相手を警戒させるか、あきれさせるだろう。もしくはその両方だ。
少なくとも、相手にすれば言葉の説明だけでは判断がつかない。理解できないものに対してお金やチャンスを提供したり、忠誠を誓ってくれる人はなかなかいない。

まずは相手が納得するような実績を、既成事実として見せる必要がある。

それも死ぬほどがんばらないと達成できないだろうと容易に想像できるような実績だ。

成功する人間ならば、すぐさま自分の問題点を見つけ、それを積極的に取り除いていこうとする。その問題がもし「信用されていないこと」なら問題はすでに解決した。驚くべき実績を出すための作業に取りかかるのが一番の近道である。

難しいことはわかっている。
簡単なことなら誰でもやっている。

だがみんなにとって難しいからこそ、自分がやってみる価値がある。

16

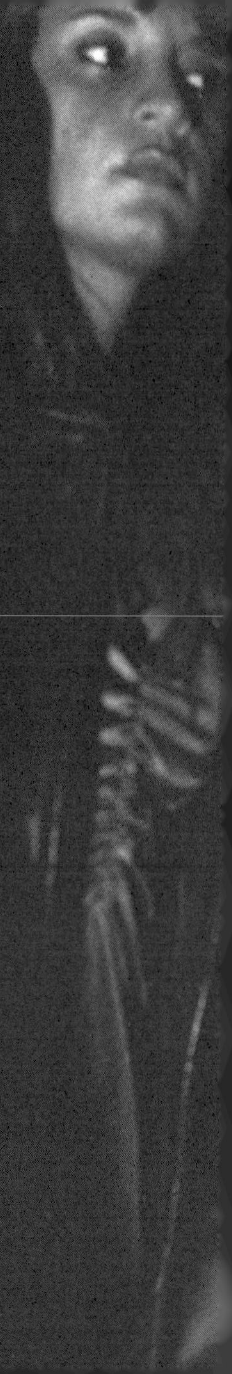

迷ったら、腹をくくれ。

人生にはすべてを賭けるべき瞬間が何度か訪れる。

いままでの努力が、何か優遇してくれることもない。
まさに100か0かの世界だ。
そのときでも、とにかく身を捨てて事に当たれば必ず道は開ける。
命がけで、全力で、全身全霊をかけてやるという人間の想いを伝えるには、ある意味“狂気の沙汰”が必要だ。嘲笑されようが、逮捕されようがかまわない。土下座し、血を流し、何日間も玄関先に座り込み、ときには「病院に行け」と心配されるほどの愚直なやり方こそが、運命を変えるカギとなるだろう。

中途半端な努力で満足して、自分をなぐさめても無駄だ。「身を捨ててこそ浮かぶ瀬もあれ」という言葉のとおり、自分をギリギリまで追い込んでこそむしろ窮地を脱することができる。

覚悟に勝る決断はない。迷ったら、死ぬ覚悟を決めればいい。

死 ぬ 運 命 な ら い ま こ こ で 死 ぬ 。
も し 自 分 に や り 残 し た こ と が あ る な ら 、
ま だ 死 ぬ は ず が な い 。

天がそれを決めるのだ。

17

我為す事、我のみぞ知る。自分を貫け。

多くの人にとっては周囲とうまくやっていく事が最重要課題だ。その上、自分のやりたいことを実現しようとしている。もちろんみんなから愛されることは素晴らしい。だがいまより上を目指す者と、博愛主義者は残念ながら一致しない。
ときには「そんなことは無理だ」「やるだけ無駄に決まっている」という人が現れる。「面倒だからまた今度にしよう」と先送りをすすめる人もいる。自分が新しいことを始めるたびに批判的な態度を取ったり、足を引っ張ろうとする人もいる。

もしも彼ら全員の都合に合わせようと努めれば、あなたの信念は瞬く間に消耗していくだろう。

“世の人はわれを何とも言はばいへ　わがなすことは我のみぞしる”とは、いくら誹謗中傷を受けても反対の声には一切耳を傾けようとしなかった10代の坂本龍馬が残した言葉だ。

雑音に耳を傾けてはいけない。
やると決めたことは絶対に
やり通さなくてはいけない。

自分の一番の理解者は、他でもない自分自身である。その自分に嘘をつき、自分に嫌われるのは最大の悲劇だ。
自分の軸をぶらすな。幹が折れれば、枝も葉も価値をなさないのだから。

CHAPTER 3
CHANGE

BANANA
Opens Fall 1999

日本の葬儀を根底から変えてやろうと決意した私はまず業界全体を調査・分析した。
葬儀業界は地域密着型の小さい会社が大多数を占め、市場規模が大きいわりには大手企業が少ない。また価格やサービスには不透明な部分が多く、アンダーグランドで恐いイメージがあった。
基礎知識もノウハウもなかったので、私はある葬儀会社に土下座し、しばらく雇ってもらった時期もあるが価格勝負一点ばりのやり方に不満を感じて退社した。
しかしこれなら自分にも勝算があると確信し、退社２カ月後にはサンクチュアリ株式会社を設立していた。
葬儀はいずれ故人の自宅に回帰するものだろう。しかし住宅事情もある。ならばせめて自宅にいるような心の安らぎが得られるような葬式を手がけたい。そんな思いから「ハウスセレモニーブランド」を立ち上げた。

普通の人が一生のうちに喪主として葬儀に関わるのは、多くてもせいぜい２、３回だと思う。だからたいてい葬儀サービスの相場がわからない。そこにつけ込んでか、従来の葬儀会社は基本料金をわざと安く設定し、オプションをどんどんつけて値段をつり上げるやり方だった。またお布施もいわゆる「お気持ちで」というあいまいなものにも拘わらず、ある一定以上の金額は暗黙のまま要求されていた。
そこで私は葬儀の費用を総額表示にし、お布施の額を均一化した。いままでの葬儀会社が６～７割も取っていた高い粗利を、３割程度におさえたことになる。
しかしこのやり方は反発を生んだ。もともと葬儀業界はあまり開けていない。葬儀会社は古くから、病院の出入り業者と持ちつ持たれつの関係を守っている。その一般的なルートを使うことなく、仕事を手に入れるのは非常に難しかった。
年に１度おこなわれる葬儀フォーラムでは、会場の入り口に「直江家葬儀式場」という看板を立てられた。露骨ないやがらせだった。
しかし創業して10カ月。初めての葬儀はとても印象深いものになった。

従来のありきたりな葬儀ではない。無宗教で、フルオーダーの手作りで、心のこもった葬式のスタイルだ。
故人の好きだったバラの花を飾り、きれいなケーキを用意し、懐かしい音楽を流した。そして思い出の光景をプロジェクターで映した。遺影はファッション雑誌の表紙のように華やかなものにした。まるで結婚式のように実に晴れ晴れとしたお葬式になった。
式の後、口々に「素晴らしいお別れだった」と言ってくださる遺族に頭を下げながら、私は足のつま先から湧き上がるような喜びを感じていた。本当にやってよかったと思った。

お葬式はある日、突然やってくる。遺族たちは深く悲しむ余裕もなく、霊柩車や料理、お布施、香典返しの手配、知人への連絡などをこなさなければならない。
でも悲しみはどの家族も同じ。お葬式ほど普遍的な場所はないと思う。

私は仕事上、死が身近なところにある。そのせいか「生きることは、死の身支度だ」ということを強く感じている。私だって明日死ぬかもしれない。それは誰にもわからない。でも死を受け入れられることが、いまを強く生きよう、後悔しないように生きようという気持ちを生み、生命力を高めるのではないかと思っている。
そんなことは考えたくない、という人もいるかもしれない。しかし死は万人に訪れる必然の出来事である。せめて私は無駄に生きたくない。熱く死にたい。そう思っている。

台湾のバラック小屋から這い上がり、世界一の実業家になろうと決意して、日本からスタートした私の旅はまだ続いている。世界一への道のりは遠いが、決して到達不可能だとは思っていない。私は物事を変えていく。私は世界一になれると本気で信じている。いつか旅の途中で倒れるかもしれない。でも私はここまで全力で走ってこれたから、絶対に後悔しないと思う。

18

平和は危険だ。変化を楽しめ。

諸行無常。この世に存在する一切のものは常に流れ、動き、変化している。
平和な暮らしはいつまでも続かない。いま、あなたがもしいまの生活を維持するために、ただ祈っているだけだとすれば、それは単なる怠慢だ。変化を避けようとするのは、自分の意志を放棄したのと同じである。すでに組織や仲間とともにがんじがらめになっているのかもしれない。

ど れ だ け 居 心 地 の い い 環 境 も 、 い つ か
想 像 の つ か な い も の へ と 変 化 す る 。

だからすべてが順調にいっているような気がするときでも、将来はもっと上を目指すチャンスに恵まれると思っていた方がいい。
優先順位が低いものは、いっそ捨ててしまう勇気も必要だ。何か捨てれば心は新しいアイデアに向かって開かれる。

私の会社が軌道に乗り、売り上げが伸びたときも私は従業員数を増やさなかった。増やしていくことで小回りが利かなくなる恐さもあったが、それよりも自社ではなく、動きのいい業者たちと手を組み、自分たちがブランドになるというスタイルの方が自分らしいのではないかと考えたのだ。設立当初の３年間は、１年ごとにビジネスモデルを変え、環境に順応させていった。下手すれば倒産していたかもしれないが、おかげで会社は飛躍的に成長し、規模が広がった。

周囲の変化を恐れるよりも、
みずから変化を起こして楽しみたい。

川の水もとどまればやがて濁る。水は常に流れているからこそ美しい。

19

マイナスはない。あっても無視しろ。

マイナスなものはすべて無視しよう。
駄目だと思うと本当に駄目になる。マイナス分は取り戻さなくてもいい。マイナス要因を分析していようが、次の仕事に取り組んでいようが、費やす時間は同じだ。現時点をゼロと考え、いまここから始めよう。事態は必ず好転する。いままでもずっとそうだった。

最後はいつもハッピーエンドなんだ。そうやって頭を切り換え、すぐさま前を向いて動き出す。

批判や中傷、嫉妬や言い訳など、マイナスの感情を運んでくる人に対しては、せめて気持ちの中だけでも関係を断ち切りたい。それがどれだけ含蓄のある意見であっても、それはあくまでもその人の個人的な意見だと考えた方がいい。自分の感情を抑えてまで、わざわざ理解しようとする必要はない。「あなたの言うことはよくわかった。でも私はそうは思わない」そう言って立ち去るのが、お互いの今後の人生のためだろう。

マイナスはない。そんなものは存在しない。

あるとすれば自分が勝手に作り出しているだけだ。

20

思いっきり遊べ。ストレスを忘れろ。

心は健康だろうか。きちんと「心の管理」に気を配っているだろうか。

どれだけたくましい性格の人間でも、ストレスを溜め続ければいつか体を壊してしまう。ストレスがゼロだという人間はいない（母胎の中にいる赤ちゃん以外は）が、問題なのはストレスを発散することなく溜め込んでしまうことだ。
できればストレスの根っこをどうにか改善したいが、たいてい自分の力ではどうにもならないことの方が多い。怒りっぽい上司も無能な部下も話の通じない取引先も、向こうからいなくなってくれれば嬉しいが、なかなかそうはいかない。

大事なのはストレスに対する発想を変えることである。私はストレスをなくそうとするのではなく、ストレスをはるかに上回るほど楽しいことをしている。遊んで遊んで遊びまくり、やってみたいことには片っぱしから挑戦している。おかげでいまやストレスを感じれば、かえって競争心や反骨心が芽生え、ワクワクするくらいだ。

緊張と緩和のバランスを取らないと、人間は鬱になる。

思いっきり遊ぶ時間はきちんと確保しよう。

そのためにも、やるべきことは自分の決めた時間内に終わらせるように。

REQUENT FLYERS

21

冷静になれ。乗り切れないピンチはない。

突然のピンチに見舞われ、頭が真っ白になってしまうことがあるだろう。
私にはない。非常時の自分をいつもイメージしているからだ。
私は普段から非常事態が起きた時の想像を繰り返し、そのとき自分が取るべき行動をシミュレーションしている。大地震が起きたとき、警察に逮捕されたとき、殺されそうになったとき、会社の資金繰りが立ち行かなくなったとき…。幼い頃には「突然、目が見えなくなってしまったとき」を想定して、しばらく真っ暗な部屋で目隠しをして生活していたこともあった。
すると次第にピンチに対する感覚が鈍り、私は自分が無敵であるかのように錯覚し始めた。まるでゲームに没頭して現実と区別がつかなくなってくる感じだ。ただしこれが決していいことだとは思わない。むしろあなたには私のようになってほしくない。私は単純に人よりも刺激的なシミュレーションが好きなだけだ。

常識的なことを言えば「頭で考えるのではなく、ピンチは体験してみなければわからない」だろう。ただ体験する前に理解しておいてほしいのは、

自 分 に 乗 り 切 れ な い ピ ン チ は 、
自 分 の 前 に は 現 れ な い

ということだ。「注文した商品が届かない」という事態は起きても「世界経済をどうにかしろ」というクレームがあなたの元にくることはない。

自分に降りかかる問題はどれも冷静になって考えれば、解決の糸口が見つかるものばかりだ。

かくいう私も一度だけ、頭が真っ白になったことがある。設立間もない私の会社の説明会が満席になっていると知ったときのことだ。しかも女子が７割以上である。壇上の私は感動して目が潤み、言葉が出なくなってしまった。あれは想定外の出来事だった。

22

愛の重さを感じろ。

誰かを失ったときの悲しみは、どこの家庭も同じだ。最期は家族や仲間の温かい心に包まれ、魂として昇華していく。
人の死に対する悲しみは、世界中どこでも変わらない。普遍的なものだ。葬儀業をやっていると、以前よりも愛の重さが強く感じられる。
身近な誰かを失ったとき、初めてわかるその人の価値がある。もっとあんなことをしてあげればよかったと後悔したくはない。

いつも大切にしてあげたい。

23

自分に酔え。

体型は突然崩れ始める。昔「あんなふうになりたくない」と思っていた大人に近づいてはいけない。少しでも気を抜けば、腹が出て、背は丸まり、服装はだらしなく、ため息をついては疲れたとこぼす見苦しい人間になるだろう。
自分のスタイルには最大限の注意を払ってほしい。

見た目や雰囲気も、自分の仕事を正当に評価してもらうための重要なファクターだ。

カッコいい自分でいたい。カッコいい生き方をしたい。ナルシストと思われてもいい。

普段から、鏡を見ながら自分にそう言い聞かせてみる。そして最高のコンディションにある自分の姿を繰り返し想像する。そのイメージに対して真剣であるほど、実際の結果もイメージに近づくだろう。もしも太ったり、たるんだりしてきたら、元に戻るまで自分に対して徹底的にダメ出しをする。途中であきらめたり、開き直ったりしない。

これは自分だけの問題ではなく、

見た目を磨くことは、自分と関わる人たち全員に対する思いやりだ

と考えている。

現状に満足し楽をし始めると、人はいくらでも醜くなっていく。人生はハスの花。いつも美しく生きたい。

24

体を強くする習慣をつけろ。

体の調子がよければ心も健康的になる。集中力が高まり、同じ時間を使ってもこなす仕事の量が２倍にも３倍にもなる。耳の痛い話かもしれないが、プロにとって健康管理は、報酬に対する最低限の礼儀だと思う。

私の生活パターンを紹介しよう。

二十歳のときから、毎朝４時半に起きている。その時間にベッドから出られなかった日は負けだ。早起きに慣れないうちは冷や水をかぶっていた。起きてからすぐ15分間の瞑想をおこない、シャワーを浴びる。その間に昨日までの業務に対する意思決定と、１日のスケジューリングのほとんどを済ませてしまう。思いついたことはメモに書き出しながら考えを整理。５時から６時の間は、メールで会社に指示を出す時間にしている。早朝は頭が冴え、判断を誤らないからだ。私の場合、朝食をしっかり食べると血が胃に流れてしまい脳が働かなくなるので、いつも軽めにプロテインだけを飲む。水の入ったマイコップだけは手放せない。水がないとダメ。１日２リットルは必ず飲んでしまう。昼食と夕食は普通に食べるが、たばこは吸わず、酒は必要があるときにだけ節度を持ってつき合うことにしている。

寝る前までにはできるだけ空腹状態にする。風呂は半身浴。そして30分間、ヨガとストレッチをおこなう。本能を取り戻す時間だ。気持ちいいと感じるレベルまで体を伸ばし、心の中でイマジネーションを広げる。朝と同じ15分間の瞑想。これが最高に気持ちがいい。

瞑想は部屋を真っ暗にして、ヒーリング音楽を流しながらおこなう。息を７秒吸って、７秒止めて、７秒吐き出すというやり方だ。私はイメージする。大地や宇宙から「良い気」が集まってくる。その気が自分の体に充満し、かわりに「悪い気」を押し流していく。さらにイメージする。その「良い気」は私の体中を駆けめぐり、やがてゆっくりと心臓に到達する。そこで私は人生全体を俯瞰した像を結び始める。まず「自分の死」を鮮明に思い描く。そこから60歳の自分、50歳、40歳、30歳とビデオの巻き戻しを見るように自分の姿をさかのぼっていく。そして15分間きっかりで現在の自分に舞い戻ってくる。私が温泉やマッサージに興味がないのは、寝る前のこの時間だけで十分にリラックスできるからだ。毎晩このようにして環境を整え、夜12時に眠りに就いている。

25

学 習 し 、 訓 練 し ろ 。

毎朝、30分間ほど時間を取って、新聞・インターネットでニュースを知る。それから興味のある分野の雑誌は定期購読する。テレビはあまりおすすめできない。欲しい情報もいらない情報も一緒に頭に入ってきてしまうからだ。

読書は、できれば思想を高める本と、技術を向上させる本をバランスよく読みたい。集中していれば読むスピードは速い。学校の時間割のように、経営の時間、テクノロジーの時間、哲学の時間…などと時間を区切っている。テーマを持って読むと、余計なことを考えなくて済むからだ。

勉強も計画的におこなう。60分ワンサイクルのうち最初の10分間は、何を学ぼうとしているのか考える。次の20分間で本を読む（インプット)。残りの20分間は問題を解く（アウトプット）時間に充てる。そして10分間休憩する。

勉強の成果は頭脳よりも、やり方で決まる。優秀な人たちのほとんどは互いに知識だけではなく、効果的な学習法を伝え合っている。

その方法のひとつは自分専用の「完璧な参考書」を作るということだ。つまるところ情報はバラバラだと混乱し、1カ所に集中管理されていると覚えやすい。そこで1冊の司令塔となるマスター本を作成し、それをひたすら丸暗記すると覚えやすいことがわかった。

他の参考書にのみ載っている情報は、すべてマスター本に書き写していく。他の本を読めば読むほどマスター本が完璧になっていくわけだ。この作業を分野ごとにやっていけば、覚えるスピードも速い。

ただし人の記憶はあやうい。どれだけ死にものぐるいで覚えても、1日後には半分くらい忘れてしまう。やはり学校で教わったとおり復習は欠かせない。1日後、1週間後、1カ月後、3カ月後、6カ月後…というスパンで、せめて2〜3分でもいいから復習する。

また1冊を1日かけてじっくり1回読むのと、スピードを出して3回読むのとでは、後者の方が圧倒的に記憶に残りやすい。

以上が、私自身の実体験で気がついたことだ。

26

時間を使いこなせ。

与えられている時間は誰もが平等だ。
備わっている能力もそれほど違わない。
だとすれば勝負の行方を決めるのは、時間の使い方ではないだろうか。

時　間　と　は　命　そ　の　も　の　で　あ　る　。

時間を管理することは、命を大切にすることでもある。相手の時間を無駄に使えば、それはその人の命を削るのと同罪だ。時間については、それくらい真剣に考えても損はない。
時間を有効に使うためには、仕事の優先順位を間違えないこと。そして日課を体に染みつかせ、効率よく動けるようにすることだ。この２点を実行するために、私はありとあらゆるビジネス書を読みあさり研究を重ね、ある方法にたどり着くことができた。
それ以来、私の仕事の効率は飛躍的にアップした。
他のスタッフにも試させたところ、生産性が一気に高まり、残業や休日出勤する者がほとんどいなくなった。

その方法とは、私が三種の神器と呼んでいる

「タイムマネジメント」

「タスクマネジメント」

「ノックマネジメント」

という３種の管理法である。

三種の神器 I

タイムマネジメント　時間管理

T i m e - m a n a g e m e n t

ほとんどの社会人にとって、１日の３分の１以上は仕事の時間である。そして時間に余裕を持てない。忙しい毎日を効率的に過ごすためにはスケジューリングが必須だ。私は過去に１分単位でギチギチに予定を立てたことがある。しかしかえって効率が悪かった。時間にばかり気を取られ、いちじるしく集中力を欠くのだ。

そこで私はざっくりと１日を４等分して、大まかな行動内容を決めることにした。４つの時間帯はそれぞれ、あらかじめ決めた項目以外のことは一切しない。予定を大まかにしたことで、仕事のメリハリがつき、ミスが少なくなった。

また起きている間は１時間をワンサイクルと考え「50分働いたら10分休憩を取る」というペースを堅く守っている。このやり方をあなたもぜひ試してみてほしい。１日が思ったよりも長いということを実感できるはずだ。

— 1 / 4

6：00〜12：00＝インプット（情報収集）／理性の時間

出社して新聞、雑誌、本などから経営や人物に関する情報を徹底的に集める。新聞は5、6紙に目を通し、ビジネス関連の雑誌は15～20誌を定期購読、本はひと月に40～50冊ほど読破する。朝の1時間は夕方・夜の2～3時間に匹敵する。私の場合は集中するために電話も出ないし、人とも会わない。部屋にこもりきりで勉強している。

— 2 / 4

12：00〜18：00＝アウトプット（会議や商談）／感性の時間

午後に備えて、まずは15分間の昼寝。会社に布団を置いている。それから会議や商談、交渉ごとを進めたり、部下とコミュニケーションを取ったりしている。私はあまり社交的ではないので、外部の人とはあまり会わない。人と会って無駄話をするのが好きな経営者が多いが、雑談から生まれるビジネスに私はあまり期待していない。

— 3 / 4

18：00〜24：00＝プライベート（会食や趣味）／本能の時間

自由時間。私は野生になる。他のスタッフたちと食事をしたり、仕事の予備時間に使う。21：30には退社。趣味に没頭する。将来的にビジネスにつながりそうな分野の研究もする。とにかく気楽に。就寝前の30分間はヨガとストレッチを楽しむ。

— 4 / 4

24：00〜6：00＝睡眠／休息の時間

ちなみに移動距離が長いときは勉強、短いときはマンウオッチングをしている。1度見た人は忘れないほど集中して観察する。
土曜日も仕事をする。日曜日は前1週間の情報を整理し、復習する。そのあと半日は買い物をしたり映画を観たりして遊ぶ。平日にしっかり休んでいるので、あえて休日に体を休める必要性は感じない。

「タイムマネジメント」のために市販の手帳は使わない。書き込むスペースが足りないからだ。その日の予定はパソコンで作った予定表を、A4のコピー用紙にプリントアウトして持ち歩く。この予定表とメモ用紙（A4）をドキュメントフォルダに挟んで持ち歩く。次のページに掲載したのが私のオリジナル手帳だ。

□　　　　年　月　日

□ 言葉

私は力だ。力の結晶だ。何ものにも打ち克つ力の結晶だ。
だから負けないのだ。病にも運命にも、あらゆるものすべてに。

今日の予定　※job…プロジェクト名　hours…所要時間　action…行動

06:00… job　hours (　:　)
action

07:00… job　hours (　:　)
action

08:00… job　hours (　:　)
action

09:00… job　hours (　:　)
action

10:00… job　hours (　:　)
action

11:00… job　hours (　:　)
action

12:00… job　hours (　:　)
action

13:00… job　hours (　:　)
action

14:00… job　hours (　:　)
action

15:00… job　hours (　:　)
action

16:00… job　hours (　:　)
action

17:00… job　hours (　:　)
action

18:00… job　hours (　:　)
action

19:00… job　hours (　:　)
action

20:00… job　hours (　:　)
action

□ 昨日の検証

始業	:	実働	時間	インプットした時間	時間
終業	:	休憩	時間	アウトプットした時間	時間
				健康状態	＿＿＿＿＿＿

今日の成果　※input…知ったこと　output…伝えたこと

06:00… job ＿＿＿＿＿＿ hours (　:　)
input… output…

07:00… job ＿＿＿＿＿＿ hours (　:　)
input… output…

08:00… job ＿＿＿＿＿＿ hours (　:　)
input… output…

09:00… job ＿＿＿＿＿＿ hours (　:　)
input… output…

10:00… job ＿＿＿＿＿＿ hours (　:　)
input… output…

11:00… job ＿＿＿＿＿＿ hours (　:　)
input… output…

12:00… job ＿＿＿＿＿＿ hours (　:　)
input… output…

13:00… job ＿＿＿＿＿＿ hours (　:　)
input… output…

14:00… job ＿＿＿＿＿＿ hours (　:　)
input… output…

15:00… job ＿＿＿＿＿＿ hours (　:　)
input… output…

16:00… job ＿＿＿＿＿＿ hours (　:　)
input… output…

17:00… job ＿＿＿＿＿＿ hours (　:　)
input… output…

18:00… job ＿＿＿＿＿＿ hours (　:　)
input… output…

19:00… job ＿＿＿＿＿＿ hours (　:　)
input… output…

20:00… job ＿＿＿＿＿＿ hours (　:　)
input… output…

三種の神器 II

タスクマネジメント　仕事管理

Task-management

自分のやるべき仕事に優先順位をつけ、最も大事なことから手をつける。それを最後までやりとげ、次の仕事に取りかかる。これだけで人生の大半を制することができる。

ところがそううまくはいかない。1日のほとんどは予定外の仕事で埋め尽くされていくからだ。突然の来客、一方的にかかってくる電話、仕事上の事故や緊急事態、取引先の冠婚葬祭、書類の書き直し、同僚の慰め会…など、これらすべてに対して生真面目に取り組めば、有意義な時間を確保することはできない。予定外の仕事は処理すればするほど、あちこちから降って湧いて出てくるものだからだ。

そこで自分がやるべき仕事を毎日リストアップし、緊急度と重要度に合わせて4種類に分類することをおすすめする。これをタスクマネジメントと読んでいる。これを続けていくと、とっさに優先順位が見えるようになってくる。

私はスタッフ全員のタスクマネジメントをメールで受け取り、彼らの仕事状況を把握するようにしている。そして「優先順位」に誤りがあればその場で指導するようにしている。

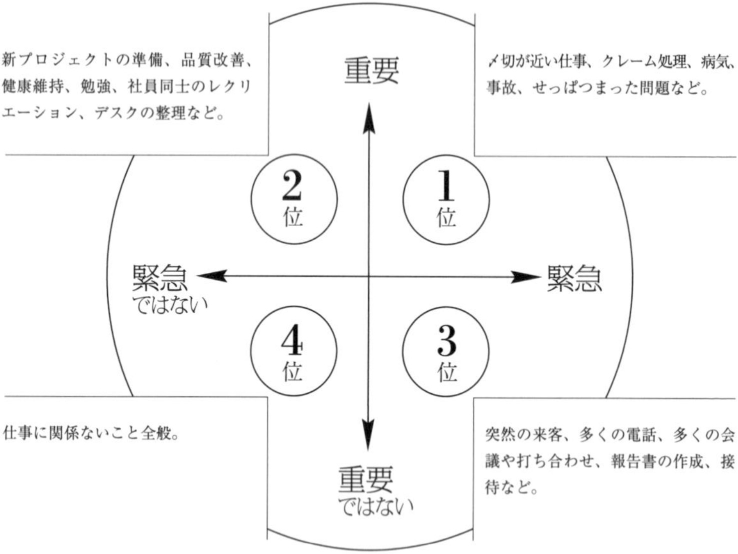
新プロジェクトの準備、品質改善、健康維持、勉強、社員同士のレクリエーション、デスクの整理など。
重要
〆切が近い仕事、クレーム処理、病気、事故、せっぱつまった問題など。
2位
1位
緊急ではない
緊急
4位
3位
仕事に関係ないこと全般。
重要ではない
突然の来客、多くの電話、多くの会議や打ち合わせ、報告書の作成、接待など。

言うまでもないことだが「緊急○重要○」には一刻も早く取りかかり、「緊急×重要×」はできるだけ無視することだ。

注目すべきは「緊急×重要○」である。ここにどれだけ時間を割けるかによって仕事の満足度に大きな差が生まれる。そのためには「緊急○重要×」をどれだけ減らしていくかにかかっているが、これは実に簡単なことだ。無駄な電話と打ち合わせ、人付き合いを意識的に減らせばいい。どうしてもつき合う必要がある場合にも、自分から率先して話を切り上げればいい。会議による時間のロスもできるだけなくしたい。資料を読めばわかる進捗報告は事前にメールで流しておいて、会議はあくまでも知恵を出し合い、問題解決をする場にしたい。このようにすれば、いまよりも時間の価値が高まり、優先度の高い仕事に手が届くようになるだろう。

１日の中でやるべきことはたくさんある。多くの人は複数の仕事がいっぺんにきたとき、どれから手をつけようか悩む。でも心配する必要はない。「２：８の法則」というものがあって、本当に大切な２割の仕事に集中すれば、残りの８割はたいてい自動的に片づいてくれる。もし片づかなければ２割だけに集中し、他は翌日に回そうと考える。この方法さえ守っていれば、仕事に対する熱気を長く保つことができる。またどれだけ仕事が増えても心身が疲弊することはない。

三種の神器 Ⅲ

ノックマネジメント　習慣管理

Knock-management

ノックマネジメントの「ノック」とは、野球の守備練習から名づけられた。意識の千本ノックという意味である。仕事上の心がけやルーティンワークは、歯磨きや家の戸締まりと同じように、意識せずともできるようにする。「何かやり忘れていないだろうか」という不安が軽減されることで、その分、頭の使い道をクリエイティブな方向へシフトできるのだ。そこで自分を検証するためのチェック表を作ってほしい。チェック項目には、伝言メモに目を通す、仕事相手にお礼状を出す、タスクマネジメントをおこなう、デスクの上をきれいにする、もらった名刺を確認するなど当り前だが忘れがちな仕事がすべてリストアップされている。

	目 次	1	2	3	4	5	6	7	8	9	10	11	12	13	14	15	16	17	18	19	2
	日報を書く	○	○	○	○	○			○	○	○	○	×			○	○	○	○	×	
	タスクの整理	○	○	○	○	○			○	○	○	○	○			○	○	○	○	○	
	A社のウエブサイトをcheck	○	○	○	○	○			○	○	○	○	○			○	○	○	○	○	
	B社のウエブサイトをcheck	○	○	○	○	○			○	○	○	○	○			○	○	○	○	○	
	C社のウエブサイトをcheck	○	○	○	○	○			○	○	○	○	○			○	○	○	○	○	
	デスクの整理	○	○	○	○	○			○	○	×	○	○			○	○	○	○	○	
	メールの整理	○	○	○	○	○			○	○	○	○	○			○	○	○	○	○	
	受け取った名刺を確認	○	○		○	○			○	○	○	○	○			○		○	○	○	
	社員全員にあいさつ	○	○	○	○	○			○	○	○	○	○			○	○	○	○	○	
	伝言メモに目を通す	○	○	○	○	○			○	○	○	○	○			○	○	○	○	○	
	顧客にお礼状を出す	○	○	○	○	○			○	○	○	○	○			○	○	○	○	○	
	口癖の「えっと」を減らす															○	○	○	○	○	
	風呂掃除をする	○	×	×	○	×	○	○	○	×	×	○	○	○	×	○	×	○	○	○	○
	ゴミを出す	○		○		○			○		○		○			○		○		○	
	花に水をあげる	○	○	○	○	○	○	○	○	○	○	○	○	○	○	○	○	○	○	○	○
	靴を磨く	○	○	○	○	○			○	○	○	○	○			○	×	○	○	○	

仕事だけではなく、家の風呂掃除をする、靴を磨く、ゴミを出すなどプライベートな項目も加える。そして１日の終わりにできたら○、サボったら×をつける。そうやって今日の自分を客観的に見て、必要に応じて毎日の習慣を軌道修正している。
これは私にとって自分自身を検証し、人生の大きな目標と日常とをしっかり結びつけてくれる大切な儀式である。

27

強く生きろ。

織田信長は「天下布武」の世界を望んだが、私は「天下布夢」の世界を創造したい。異なる者同士が、争うことではなく、互いに好きなことを追求しながらひとつになっていく。ひとりの夢がいつの間にかみんなの夢になる。まるで布を広げるように、夢が天下をおおっていくのだ。
“ノーブレスオブリージュ”という言葉がある。フランスの騎士道から生まれた

「身分の高い者にはそれ相応の重い責任・義務がある」という考え方だ。

あなたがもし平凡ではなくより豊かな人生を送ろうと思うなら、

自分のあるべき姿を発見し、心から楽しいと思うことに全力を注ぎ、尽きることのない心の富を人々に分け与え続けてほしい。

強く生きよう。

夢は向こうからやってこない。

いまこそ一歩を踏み出すのだ。

熱く死ぬために。

直　江　文　忠

N a o e　F u m i t a d a

1977年、台湾省台北生まれ。サンクチュアリ株式会社・代表取締役。バラック小屋で生活する貧困の幼少時代を経て日本に移り住み、自分が華人であることを意識しながら育った。その後、養父が経営する会社が倒産して一家離散。人生の無常さを感じる日々の中で、世界一の事業家になることを固く決意する。2003年、幼なじみの死をきっかけに葬儀業界のあり方に疑問を抱き、故人や遺族にとって本当に幸せなセレモニーを模索しようとサンクチュアリ株式会社を設立。わずか27歳で年商30億円企業まで急成長させた。

サンクチュアリ株式会社は、50歳以上の顧客を対象に、エイジング（医療・介護・福祉・健康・美容など）からエンディング（寺院・葬儀葬祭・墓石霊園・仏壇仏具など）までの情報提供やトータルプランニングをおこなっている会社です。サンクチュアリ出版とは別の会社ですが、社名が同じであること、社風が似ていることをきっかけとして通じ合い、本書を刊行する運びとなりました。

無駄に生きるな熱く死ね

2006年9月30日　初版発行
2023年7月14日　第15刷発行（累計5万8千部）

著　直江文忠

カバー／本文写真　大脇崇
装丁／デザイン　井上新八
発行者　鶴巻謙介
発行／発売　サンクチュアリ出版

東京都文京区向丘2-14-9
〒113-0023
TEL 03-5834-2507／FAX 03-5834-2508
URL：http://www.sanctuarybooks.jp/
E-mail：info@sanctuarybooks.jp

印刷／製本　中央精版印刷株式会社